ESTIMULA LA CREATIVIDAD PROFESIONAL

Los secretos para ver el mundo desde otra perspectiva

Por Chantal Rens

Traducido por Laura Bernal Martín

Coaching en50MINUTOS.es

¿CÓMO ESTIMULAR LA CREATIVIDAD PROFESIONAL?

- **¿Problemática?** ¿Cómo desarrollar tu talento creativo para destacar en la oficina?
- **¿Utilidad?** Despertar la imaginación hace que sea posible producir soluciones innovadoras ante cualquier tipo de situación; algo necesario para convertirse en un valor añadido para la empresa.
- **¿Contexto profesional?** Desarrollo personal, innovación, eficacia profesional, resolución de problemas.
- **¿Preguntas frecuentes?**
  - ¿Todos somos creativos?
  - ¿La creatividad es una competencia valorada en las empresas?
  - Ya existe un polo creativo en mi empresa, ¿sigue siendo necesario que desarrolle mi creatividad?
  - ¿Cómo desarrollar concretamente un estado mental creativo?
  - ¿Qué diferencias existen entre la imaginación, la creatividad, la inventiva y la innovación?

Ser creativo es, sin duda, un verdadero valor añadido, sobre todo en un contexto profesional en constante evolución y muy competitivo en el que todo se mide cada vez más a corto plazo. Los jefes de las start-up lo saben bien: «En el mundo actual, las líneas rectas son escasas —afirma Michael Brecht, jefe de Doodle AG [servicio de planificación en línea]—. Hay que saber adaptar el modelo económico en función de las oportunidades y hacer que todos los trabajadores contribuyan»[1].

¿Quieres destacar en las reuniones gracias a tus ideas originales y sin embargo realistas, pero crees que la creatividad es un regalo caído del cielo y reservado a algunos privilegiados? ¡No te engañes! Todos tenemos acceso a la inventiva, pero es cierto que la propuesta de soluciones innovadoras no llega sola, sino que requiere trabajo y rigor: hay que poder establecer un marco propicio, apoyarse en técnicas de estimulación, separar las ideas absurdas de aquellas que se ajustan al problema que se ha planteado, etc. ¿Sigues siendo escéptico? ¿Crees que se trata de una competencia reservada al equipo de marketing, a los expertos en publicidad o a los virtuosos de las nuevas tecnologías? Para nada. En muchos casos, darás en el clavo atreviéndote a salir del marco establecido e intentando mirar la situación con nuevos ojos. La creatividad puede pasar por la búsqueda de nuevos clientes, la elaboración de un nuevo lote de productos, la organización de una noche de eventos, la redacción de un discurso, la creación de un concepto revolucionario o incluso la gestión de un conflicto entre trabajadores.

Tu potencial de innovación, utilizado en solitario o en forma de lluvia de ideas colectiva, puede marcar la diferencia. Todavía es preciso asimilar sus principios. Este libro te presenta en 50 minutos cómo funciona la imaginación, así como las herramientas que te permitirán desarrollar la creatividad en tu día a día.

---

1. Cita traducida por 50Minutos.es

EL ABECÉ DEL PROFESIONAL CREATIVO

La inteligencia creativa

Según Robert Sternberg (psicólogo estadounidense nacido en 1949), «la creatividad es la capacidad de realizar un trabajo que sea novedoso (es decir, original, inesperado), de alta calidad y apropiado (es decir, útil, que se ajuste a las condiciones de la tarea)» (Sternberg, Kaufman y Pretz 2002, 1). Este especialista analiza también el papel de la inteligencia en el proceso creativo e identifica la siguiente triarquía:

- **la inteligencia analítica** (hemisferio izquierdo) se refiere a la capacidad de analizar, de evaluar y de resolver un problema. Se trata de la inteligencia académica que podemos medir mediante el CI;
- **la inteligencia práctica** (hemisferio derecho) define la capacidad de reaccionar a las distintas circunstancias;
- **la inteligencia creativa** se corresponde con la aptitud para inventar ideas frente a situaciones nuevas y no habituales basándose en la experiencia y ayudándose de la imaginación y de la intuición.

El psicólogo estadounidense Joy Paul Guilford (1897-1987) también articula estos dos conceptos al identificar dos etapas en el proceso creativo:

- **el pensamiento divergente**. Se trata de un proceso mental empleado para producir la mayor cantidad posible de ideas recurriendo a la imaginación y a la intuición;

- **el pensamiento convergente**. A partir de las primeras reflexiones, permite obtener una respuesta organizada y operativa utilizando las capacidades de razonamiento de una persona.

Así, la creatividad recurrirá en primer lugar a la primera, mientras que la inteligencia empleará la segunda. Ambas están relacionadas, por lo que no existe inteligencia sin creatividad y viceversa.

CREATIVIDAD VERSUS INNOVACIÓN

A menudo confundimos creatividad con innovación. Sin embargo, ser creativo no significa necesariamente innovar, y lo mismo sucede a la inversa. La creatividad permite que surjan nuevas ideas que no siempre llegarán a buen puerto, mientras que la innovación se corresponde con un cambio real, con una mejora concreta en la empresa a través de la implementación de los medios necesarios. Además, mientras que es posible imaginar solos, innovar requiere a menudo las competencias de varios profesionales.

El proceso creativo

En los años veinte, Graham Wallas (profesor de ciencias políticas, 1858-1932), muy interesado por la psicología, distingue cuatro fases en el proceso creativo:

- **la preparación**. En este período se lleva a cabo un trabajo subterráneo, a menudo trabajoso, durante el que defines el problema y recabas los datos necesarios para resolverlo;
- **la incubación**. En esta segunda fase, de mayor o menor duración, el cerebro trabaja inconscientemente por asociación de ideas sobre el tema en cuestión;
- **la iluminación**. Es la fase en la que surgen ideas en las que te dejas llevar por la espontaneidad, con total libertad y sin juicios;
- **la verificación**. Esta última etapa se corresponde con la selección de ideas dependiendo en qué medida son pertinentes y realizables.

Las diferentes lógicas creativas

La creatividad puede tener varias formas. Dependiendo de tu forma de trabajar, privilegia uno u otro método:

- **la lógica asociativa** se basa en la asociación libre de ideas. Consiste en expresar de manera espontánea todas las que sea posible, sin censura y con fluidez, relacionando unas con otras. Esta práctica se utiliza sobre todo en los *brainstormings* o lluvias de ideas;
- **la lógica analógica** se basa en la comparación entre dos ámbitos cercanos con el fin de inspirarse en las similitudes y en las diferencias. La sinéctica, un método estadounidense elaborado por William Gordon (1919-2003) y George Prince (1918-2009), recurre a esta lógica buscando ideas en ámbitos ya explorados. Por ejemplo, el avión se inventó por analogía con el pájaro;
- **la lógica onírica** viene del griego *oniris*, que significa

«sueños». Robert Desoille (ingeniero y psicólogo francés, 1890-1966) estableció un método inspirándose en esta lógica, llamada «sueño despierto dirigido» o «ensueño dirigido» (RED, por sus siglas en francés). La persona entra en un estado de relajación y después imagina un escenario concreto. Esta técnica tiene como objetivo acceder al inconsciente para favorecer la imaginación;

- **la lógica proyectiva** permite obtener ideas originales poniéndose en la piel de personajes, de animales, de profesionales, etc. Un buen ejemplo de esta lógica son los juegos de rol.

SUPERAR LOS BLOQUEOS

Las creencias limitantes

Para que las ideas creativas salgan a flote, aún es necesario superar los bloqueos y liberarse de las inhibiciones que entorpecen cualquier proceso innovador. Estas últimas pueden ser a nivel emocional: el miedo a equivocarse, a perder la credibilidad, a hacer el ridículo, a que le califiquen de estúpido, a estar en minoría, a enfrentarse a la mirada de los demás, a lo desconocido, etc. Estas también pueden descansar en creencias culturales que frenan el potencial y que impiden avanzar: la imaginación es cosa de niños; nunca aceptarán esta idea en mi empresa; hay que encontrar las cosas a la primera y no ir a ciegas, etc.

Estas creencias limitantes están presentes en el día a día de forma inconsciente. No obstante, son una interpretación de la realidad y no una verdad. Para ser creativo hay que poder salir del molde en el que estas encierran a cada individuo.

Es necesario que cambiemos nuestra forma de pensar y que cuestionemos lo que creemos posible e imposible, nuestras experiencias, nuestra forma de razonar, nuestra educación, etc. No hay que dar por sentados nuestros conocimientos, sino intentar modificar constantemente nuestra visión de las cosas. Al reflexionar de esta forma, abrirás nuevas puertas y desarrollarás tu creatividad.

El perfeccionismo

Todo el mundo es creativo y original cuando logra superar sus obligaciones, sus reglas y sus expectativas restrictivas. A partir de este momento, acepta la imperfección porque de ella nace, a menudo, la singularidad de un concepto o de una idea. Una máxima que todos aquellos que perfeccionan a más no poder su último hallazgo antes de presentarlo podrían aplicar es: «Lo mejor es enemigo de lo bueno». Dicho de otra manera, al querer mejorar las cosas incesantemente, corremos el riesgo de estropearlas.

«En los inicios de mi carrera profesional, perdía muchísimo tiempo ordenando la documentación y anotando testimonios. Me parecía que era indispensable acumular todo ese material para abordar la cuestión antes de escribir una sola línea. Pero, al mismo tiempo, tenía que redactar con prisas, así que imagínese el estrés... Poco a poco fui entendiendo que estos preliminares excesivos iban en detrimento de mi nueva mirada sobre el tema en cuestión. Ahora me lanzo directamente, fiándome de mi capacidad de síntesis y de mi intuición. Además, descubro perspectivas más interesantes y más inesperadas» (Paul R., periodista en un periódico regional).

La falta de autoconfianza

«No valgo para nada», «nunca he tenido imaginación», «voy a hacer el ridículo», «los demás destacan más que yo», etc. ¿Un verdadero «tribunal interior» te asedia con críticas y dudas incesantes desde el momento en el que piensas en lanzarte a algo? Es el momento de acabar con esa voz negativa que te frena en tu proceso creativo y, de forma más general, en tu realización personal.

Comienza reemplazando estos pensamientos por afirmaciones positivas a través del método Coué. Este utiliza la autosugestión para reprogramar el cerebro, y fue creado por Émile Coué (psicólogo francés, 1857-1926). Repítete a ti mismo que lo vas a conseguir, que tienes imaginación, etc.: esto te ayudará a creer en tu potencial creativo. Otra técnica es la visualización creativa. El objetivo es imaginar situaciones en las que tienes mucha confianza en ti mismo. Ponte cómodo y cierra los ojos, respira con tranquilidad y visualízate haciendo una buena presentación, creando un nuevo proyecto innovador o sintiéndote a gusto presentando una conferencia ante 200 personas. Progresivamente, esta confianza imaginaria influirá en tu día a día siempre que realices el ejercicio con convicción.

TÉCNICAS PARA CULTIVAR LA CREATIVIDAD

Practicar gimnasia mental

La creatividad es, ante todo, un estado mental que hay que cultivar cada día, como si fuera un cuerpo que queremos tonificar. El cuestionamiento sistemático y el arte de la sorpresa son ejercicios básicos para toda mente creativa.

Plantéate las siguientes preguntas para analizar qué método de creatividad te vendría mejor:

- ¿las ideas te suelen venir cuando estás solo o más bien cuando hablas con más personas?
- ¿prefieres una atmósfera zen y tranquila, en la seguridad de tu burbuja (oficina o habitación), o te estimula un entorno activo (jogging, limpieza, jardinería, etc.)?
- ¿necesitas la descarga de adrenalina que te da el estrés

del último momento para dar lo mejor de ti mismo o, por el contrario, necesitas definir un proceso organizado y con plazos establecidos?

- ¿hay hábitos particulares que te ayudan a estimular tu creatividad (ordenar primero tus papeles, establecer el plan del día, pasear unos minutos, escuchar música, etc.)?

Cuando hayas encontrado tu método de preferencia, utilízalo de forma consciente, ya que será un calentamiento eficaz. Los siguientes ejercicios, fáciles y lúdicos, ayudarán a despertar la mente de los que necesitan un pequeño empujón.

La «bisociación» o asociación forzada

Este ejercicio consiste en coger una palabra al azar, de un diccionario o del primer papel que encuentres, e iniciar tu reflexión a partir de esta. También puedes elegir varias e intentar inventar un nuevo concepto en relación con las mismas. Por ejemplo, ¿qué harías con «lámpara» y «lápiz»? ¿O con «zapato» y «libro»? ¿No se te ocurre nada? Piensa un poco más y haz trabajar a tu imaginación. El objetivo no es crear un objeto realista, al contrario, las ideas estrafalarias son más que bienvenidas.

El escenario catástrofe

Este ejercicio es un poco especial y se resume en buscar lo peor que podría ocurrir. Para ello, hazte preguntas como: ¿cómo asegurarme de que mi presentación vaya mal? ¿Cómo hacer que el público odie mi nuevo producto? ¿Cómo fracasar y no alcanzar mi objetivo? A primera vista, este ejercicio puede parecerte extraño, pero al exponer los puntos negativos podrás transformarlos a continuación en aspectos positivos, sin olvidarnos del lado divertido de la reflexión, que también es una fuente de creatividad.

Los seis sombreros

Este método fue desarrollado por el psicólogo maltés Edward de Bono (nacido en 1933) y consiste en adoptar diferentes perspectivas colocándonos, uno tras otro, seis sombreros de diferentes colores, que representan cada uno una forma de pensar. Esta técnica se puede utilizar tanto en grupo como en solitario.

El método de los seis sombreros de Edward de Bono

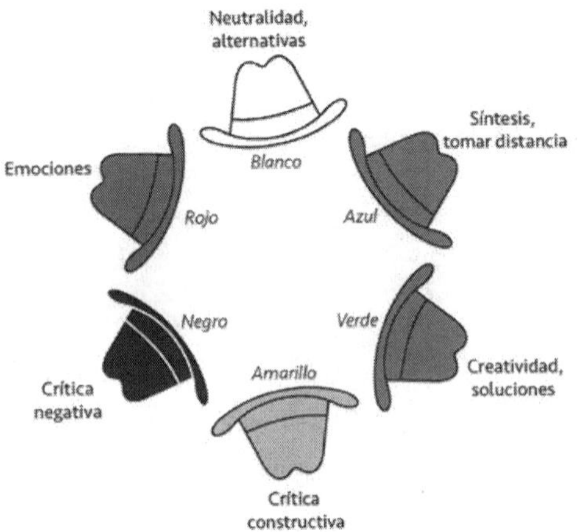

Edward de Bono también ha teorizado el pensamiento lateral. Este favorece la imaginación y la intuición y se opone al pensamiento vertical que se alimenta de la lógica y del realismo. Además, no rechaza ninguna idea y deja lugar para aquellas que son imposibles de llevar a cabo, considerando que se trata de una etapa en la búsqueda de soluciones innovadoras. Este tipo de pensamiento permite, de esta forma, salir de los modos de reflexión convencionales, cambiar la percepción del entorno y estimular la creatividad. También se llama pensar «out of the box», porque tiende a solucionar una situación o un problema desde un punto de vista original e inesperado. Para desarrollar el pensamiento lateral, de Bono sugiere recurrir a «operaciones de provocación», como el método de los seis sombreros, la bisociación, la exageración del problema, la distorsión de los hechos, la modificación del uso de un objeto o incluso la utopía.

El *mind mapping*

El mapa heurístico fue desarrollado por Tony Buzan (psicólogo inglés nacido en 1942) y es una representación visual del discurrir del pensamiento y, por tanto, de los vínculos que existen entre las diversas ideas. El principio es muy simple: coloca tu reflexión central en el corazón de una hoja en blanco en forma de palabras o de dibujos y añade ideas que resulten de esta, vinculándolas a través de ramas. Puedes utilizar colores distintos para diferenciar las ramificaciones.

Esta forma de visualización le permite al cerebro facilitar las conexiones y, por tanto, favorece la creación de ideas.

INTERACCIONAR PARA ESTIMULAR LA CREATIVIDAD

Es cierto que la creatividad es una competencia individual, pero se puede estimular gracias al fenómeno de equipo. De hecho, ¿hay una mejor forma de desarrollar nuevas ideas que confrontarlas con tus trabajadores? Como existen casi tantas visiones diferentes como personas, no dudes en enriquecerte del punto de vista de los demás. Además, las técnicas de creatividad colectiva a menudo entrañan efectos de sinergia que podríamos ilustrar con la máxima de Aristóteles (filósofo griego, 384-322 a. C.): «El todo es más que la suma de sus partes». No obstante, para que esto funcione es conveniente seguir las reglas básicas de cada método.

El *brainstorming*

Los principios generales de esta técnica, que consiste en una «lluvia de ideas» y que fue desarrollada por Alex Osborn (publicista estadounidense, 1888-1966), son: prohibir todo juicio o crítica, dejarse llevar por la imaginación, ir más allá de las ideas de los demás para, finalmente, recoger el máximo de ideas posibles. Durante esta primera fase, poco importa si estas se pueden realizar o no. Se procederá a este análisis en un segundo tiempo, durante la fase de la selección.

Para disfrutar de este método, dale rienda suelta a tu

fantasía: cuanto más alocada sea una idea, mejor. Es más fácil sosegar una idea que embellecerla, pero explótala a fondo, sin vergüenza, incluso si te mueves en una paradoja. Además, acepta que te plagien ideas y renunciar a la competición: pertenecen al grupo y cada miembro del mismo es su dueño. Y, finalmente, con la ayuda del grupo, extraerás las que quizás puedan afinarse más adelante y que lleven a un nuevo producto, a un nuevo servicio o a la innovación del año.

El **workshop**

El *workshop* es un taller de trabajo y de intercambio sobre un tema definido de antemano. Puede durar uno o varios días y reúne especialistas que interaccionan con un número limitado de participantes. Participar en este tipo de eventos puede ayudarte a adquirir nuevos conocimientos o a profundizar en tus competencias. No dudes en informarte y, si tienes la oportunidad, no optes necesariamente por un taller con un tema relacionado con tu sector; en cambio, podrías intentar descubrir ámbitos que te son aún desconocidos. Estos *workshops* son distendidos y colaborativos, y te ofrecen la ocasión de desarrollar tu curiosidad y tu creatividad.

Finalmente, tampoco tengas miedo a hablar sobre tus ideas y a probarlas con tus colegas en la pausa del café, durante un *afterwork* o durante la pausa del mediodía: sus opiniones podrían iluminarte. Sin embargo, presta atención, porque el trabajo en grupo no exime del trabajo individual. Evidentemente, el estímulo colectivo solo está ahí para completar tu procedimiento personal.

LAS CUALIDADES DEL CREATIVO

- Es perseverante y obstinado.
- Toma riesgos.
- Está abierto a nuevas experiencias.
- Manifiesta interés por la paradoja y por la originalidad.
- Se muestra entusiasta y enérgico.
- Posee capacidades de concentración y de discernimiento.
- Se cuestiona a sí mismo y acepta las críticas.

LOS MEJORES CONSEJOS

- **Piensa de forma creativa en tu día a día.** La creatividad es un estado mental que tienes que favorecer todos los días y no solo en la oficina. Tu entorno puede ser tu mayor fuente de inspiración, por lo que debes mantenerte alerta. Por la mañana cuando desayunas y lees el periódico, cuando vas de camino al trabajo escuchando la radio, a mediodía cuando vas a buscar tu almuerzo... todos los momentos son buenos para desarrollar tu imaginación.
- **Lucha contra tus frenos y libérate de las formas de pensamiento clásicas.** El miedo a hacer el ridículo, a que te excluyan o incluso a fracasar serán un freno en tu búsqueda de nuevas ideas. Pero, hazte la siguiente pregunta: ¿tienes en realidad algo que perder? Lo cierto es que no mucho. Al contrario, podrás beneficiarte si te muestras creativo, así que lánzate y sal del ambiente conformista. Empieza por ponerte ese traje extravagante que duerme en tu armario o atreviéndote con un nuevo peinado.
- **Saca partido de tus errores.** ¿Has apostado por ideas que no han funcionado? Sé indulgente contigo mismo, porque los fracasos y los deslices forman parte del proceso creativo. Al volver sobre antiguos hallazgos algunos días más tarde, podrás verlos desde un nuevo ángulo y puede que des con la idea del año.
- **Ponte a prueba una y otra vez.** Ahora sabes que la creatividad es un proceso infinito. Cuando hayas probado sus beneficios, sigue practicando. En casa, inventa juegos con tus hijos; en la oficina, hazle sugerencias a tu

jefe; en el supermercado, inventa una nueva receta, etc. Finalmente, toma notas. Apuntar tus ideas en un papel les da peso y refuerza tu capacidad imaginativa. Al leerlas varios días más tarde podrás decirte con orgullo: «¿Y yo he pensado esto?».

- **Sé curioso y prueba nuevas experiencias.** No hay nada mejor para ver las cosas de otra forma y estimular así tu espíritu creativo. Prueba una nueva actividad deportiva, ve a ver la exposición de un artista que no conozcas o una conferencia sobre un tema del que no sabes nada. Puede que descubras nuevas aspiraciones.

- **Ten paciencia.** Tu creatividad no se desarrollará por arte de magia. Establece un pequeño ritual que lleves a cabo diariamente, en el que trabajarás tu imaginación, y dedícale tiempo: las grandes ideas se construyen poco a poco.

- **Cultiva el niño que llevas dentro.** Todos sabemos que los niños tienen una imaginación desbordante. Inspírate en ellos. Ponte en su lugar e intenta ver las cosas de manera lúdica. Si tienes la suerte de tener hijos, juega con ellos todo lo posible para entender cómo se expresa su creatividad.

- **Privilegia el proceso creativo por encima del resultado.** Lo importante en el desarrollo de la creatividad no es la meta, sino el camino. Que tus reflexiones culminen o no en una innovación o en un proyecto concreto es otra historia, pero para lograrlo antes habría que poder producir ideas. Es inútil empezar la casa por el tejado, así que concéntrate en la primera etapa.

- **Practica el «y si...».** Estas dos palabritas podrían abrirte muchas puertas. Olvídate del término «imposible» y observa las posibilidades que se te ofrecen. Y si... ¿pudieras volar? Y si... ¿fueras presidente de los Estados Unidos? Y si... ¿las personas tuvieran cuatro manos?

PREGUNTAS FRECUENTES

¿TODOS SOMOS CREATIVOS?

Sin duda alguna, aunque no expresamos esta competencia de la misma forma. De hecho, según los neurobiólogos, todos tenemos un cerebro capaz de crear, de cambiar y de adaptarse. Durante el proceso de creación, nuestros dos hemisferios cerebrales desempeñan un papel preeminente, pero también recurrimos a otros circuitos neuronales del cerebro que reactivan partes de nuestra memoria emocional. Todd Lubart, investigador en psicología y especialista en creatividad, ha estudiado este mecanismo particular, que ha teorizado bajo el nombre de «resonancia emocional». ¿De qué se trata? Cada concepto, experiencia o saber almacenado en nuestra memoria está asociado con recuerdos emocionales. Por ello, cuando pensamos en un concepto, la emoción relacionada con este reaparece y puede despertar un sentimiento oculto cercano que, en una lógica asociativa, activa un nuevo pensamiento. De esta forma, para Todd Lubart, cuanto más buscamos nuestras emociones, más desarrollamos nuestra creatividad.

¿LA CREATIVIDAD ES UNA COMPETENCIA VALORADA EN LAS EMPRESAS?

Evidentemente, la creatividad es una cualidad clave en una empresa. Un DRH del sector farmacéutico lo confirma:

> «La creatividad ya no es dominio exclusivo de los investigadores de I+D, de los que trabajan en marketing o en publi-

cidad. Esta capacidad debe expresarse en todos los niveles y en todas las tareas de empresa sin restricción alguna. De hecho, es un criterio que se tiene en cuenta cuando se evalúa el rendimiento anual de los trabajadores» (Fuente anónima).

Para favorecer que surjan ideas en las empresas, es necesario repensar y reestructurar toda su organización. Por ejemplo, en muchas de ellas se detecta y se forma a los trabajadores más creativos. A continuación, supervisan grupos de proyectos o tienen la función de I-mentor («I» de «innovación»). Es evidente que estas tomas de responsabilidad benefician a la continuación de una trayectoria profesional. Además, las estrategias de gestión también han evolucionado para instaurar un marco que sea favorable al desarrollo de la creatividad de todos los empleados.

YA EXISTE UN POLO CREATIVO EN MI EMPRESA, ¿SIGUE SIENDO NECESARIO QUE DESARROLLE MI CREATIVIDAD?

¡Por supuesto! Incluso si se ha creado un polo creativo con el único objetivo de encontrar soluciones innovadoras, despertar tu creatividad puede ayudarte a romper con una rutina a veces aburrida tanto en tu vida profesional como en tu esfera privada. Entre otros aspectos, aprenderás a mirar las cosas de forma diferente, a asumir desafíos y a ampliar tu ámbito de posibilidades. Finalmente, se trata de una guía para mejorar tu bienestar. A partir de ahora, si no has sido creativo para tu empresa, selo para ti mismo.

¿CÓMO DESARROLLAR CONCRETAMENTE UN ESTADO MENTAL CREATIVO?

Estos son algunos consejos que pueden ayudarte:

- Toma altura una vez a la semana. Cuando estás rodeado de paredes y siempre encerrado, acabas por perder el sentido de la perspectiva. Encuentra un sitio elevado y mira el horizonte. Desde ahí, tus problemas te parecerán insignificantes y tus posibilidades infinitas.
- Empieza tus reuniones jugando a las adivinanzas. Para relajar el ambiente y estimular a los participantes, hazles una pregunta insólita o presenta una imagen sorprendente. No hay nada mejor para activar las neuronas.
- Varía tus experiencias. Los rituales enraizados en tu día a día adormecen lentamente tu creatividad. Ten el reflejo de modificar diariamente algo tanto en tu vida privada como en la oficina: improvisa nuevas recetas, opta por vestir de otra forma, prueba un nuevo deporte, cambia tu horario de improviso o varía el tipo de letra de tus correos electrónicos (sin dejar de ser profesional, por supuesto).
- Atrévete a responder «por qué no» en vez de «no». Tómate en serio todas las sugerencias, sin prejuicios, incluso aquellas que a primera vista te parezcan descabelladas. ¿Quién sabe? Puede que más adelante resulten provechosas.
- Imagínate lo peor para apreciar lo mejor. Cuando hayas pasado revista a todas las posibles catástrofes y hayas encontrado frenos, recuperarás tu serenidad y podrás perseverar en tus proyectos.
- Coloca citas inspiradoras en tu oficina. Son vitaminas

para la mente, te darán qué pensar y estimularán tu inventiva así como la de tus compañeros.

> «Quien nunca ha cometido un error, nunca ha probado algo nuevo» (Albert Einstein, físico alemán, 1879-1955).

- Medita con regularidad. Como aseguran muchos artistas, investigadores y empresarios, la meditación reduce el estrés y estimula la imaginación.

¿QUÉ DIFERENCIAS EXISTEN ENTRE LA IMAGINACIÓN, LA CREATIVIDAD, LA INVENTIVA Y LA INNOVACIÓN?

A menudo tendemos a confundir estos conceptos. Sin embargo, aunque están relacionados, es necesario saber diferenciarlos. Para ello, retomamos las definiciones[2] del CNRTL (siglas de la organización francesa *Centre National de Ressources Textuelles et Lexicales*):

- **la imaginación** es la «facultad de la mente para representar o formar imágenes». No tiene en cuenta la realidad ni las leyes físicas. Por lo tanto, se trata de un espacio en el que todo es posible;
- **la creatividad** es la «capacidad, el poder que tiene un individuo de crear, es decir, de imaginar y de realizar algo nuevo». La imaginación es una parte de la creatividad pero, al contrario que la primera, la segunda se desarrolla en un marco particular a partir del cual produce ideas

---

2. Definiciones traducidas por 50Minutos.es

nuevas;

- **la inventiva** se refiere a la «acción de imaginar algo nuevo». Se acerca mucho a la creatividad; no obstante, mientras que esta última se queda en el ámbito del pensamiento, la inventiva hace que la idea nueva entre en el mundo físico;
- **la innovación** designa el hecho de innovar o el «resultado de esta acción [innovar] cuando algo nuevo se ha introducido». Es la aplicación concreta de una nueva idea a través de determinados recursos y que tiene como objetivo mejorar la empresa.

¡AHORA ES TU TURNO!

Ahora ya tienes a tu alcance todas las claves para abrirle las puertas a tu potencial de innovación. Sin embargo, ¿te sientes lo suficientemente seguro y preparado para reafirmar tu talento creativo? Responde a las siguientes preguntas, calcula tu resultado y saca conclusiones.

	SÍ	NO
Me gusta salirme de los marcos establecidos.		
Me apasiona buscar soluciones.		
Los errores me estimulan.		
Siempre busco varias soluciones a un problema.		
El reto me permite superarme.		
Siempre me presento voluntario a la hora de encontrar un nuevo desafío.		
Soy emotivo, incluso en el ámbito profesional.		
Me gusta el suspense en la vida, en el cine o en los libros.		
Que los demás me juzguen no me afecta.		
Las opiniones contrarias me ayudan a profundizar en mis ideas.		
Creo que somos más creativos en equipo que solos.		
Me gusta tener tiempo para que mi mente divague.		
Mantengo una actitud positiva cuando todo va mal.		
Me gusta ver cómo evolucionan las ideas que le propongo a los demás.		
No tengo ningún tipo de miedo al ridículo.		

Resultados:

- Si obtienes más de 10 respuestas positivas, tienes una gran confianza en tu creatividad. Parece que has conservado el niño que llevas dentro y tu imaginación. Puede ser una ventaja muy importante a la hora de salvar dificultades y de transformar los fracasos en oportunidades —con la condición, por supuesto, de asociar tu talento creativo a una buena dosis de autodisciplina y de organización.
- Entre 6 y 10 respuestas positivas, tu confianza no es constante. ¿A qué obstáculos tienes que enfrentarte? Mira las respuestas negativas para entenderlo mejor. ¿Algunas circunstancias podrían serte más favorables que otras? Puedes no ser capaz de crear en grupo o, al contrario, ser incapaz de ser creativo cuando estás solo. Solo es necesario conocer el fallo para poder subsanarlo.
- Si tienes entre 1 y 5 respuestas positivas, no te preocupes: también cuentas con un potencial creativo, pero puede que te falte práctica. ¿Qué creencias limitantes te frenan? A sabiendas de que cada persona tiene su propia manera de crear, ¿cuál podría ser la tuya? Acepta tantear, analízate en diferentes contextos para progresar. Eventualmente podrías pedir ayuda para superar tus obstáculos, ya sea mediante formaciones específicas o con un coaching personalizado.

¡Tu opinión nos interesa!
¡Deja un comentario en la página web de tu librería en línea,
y comparte tus favoritos en las redes sociales!

PARA IR MÁS ALLÁ

FUENTES BIBLIOGRÁFICAS

- Aznar, Guy. 2005. *Idées. 100 techniques de créativité*, París, Éditions d'Organisation, 2005.
- Bellanger, Lionel. 2005. *Libérez votre créativité. De l'imagination à l'innovation gagnante*. París: ESF éditeur.
- Bô, Daniel. 2014. "Qu'est-ce que l'intelligence créative?". *Marketing études*. Febrero. Consultado el 6 de noviembre 2015. http://www.testconso.typepad.com/marketingetudes/2014/02/quest-ce-que-lintelligence-creative-.html
- "Développer sa créativité", video en YouTube, publicado por "StrategiesFormations", 20 de marzo de 2014, https://www.youtube.com/watch?v=kUkgvGpufus.
- de Bono, Edward. 2005. *Les six chapeaux de la réflexion*. París: Eyrolles.
- Cameron, Julia. 2007. *Libérez votre créativité*. París: J'ai Lu.
- Cottraux, Jean. 2008. *À chacun sa créativité. Einstein, Mozart, Picasso... et nous*. París: Odile Jacob.
- Duhoux, Patrick e Isabelle Jacob. 2006. *Développer sa créativité*. París: Retz.
- Fardeau, Aurélie. 2008. "5 exercices pour développer sa créativité". *Journal du Net*. Noviembre. Consultado el 28 de octubre de 2015. http://www.journaldunet.com/management/efficacite-personnelle/conseil/5-exercices-pour-stimuler-sa-creativite/5-exercices-pourstimuler-sa-creativite.shtml
- Lubart, Todd, Christophe Mouchiroud, Sylvie Tordjman y Franck Zenasni. 2003. *Psychologie de la créativité*. París: Armand Colin.

- Swinners, Jean-Louis y Jean-Michel Briet. 2004. *L'intelligence créative au-delà du brainstorming*. París: Maxima.

FUENTES COMPLEMENTARIAS

- Berne, Éric. 2012. *Intuition et États du moi*. París: InterÉditions.
- de Bono, Edward. 2008. *Comment avoir des idées créatives?* París: Leduc.
- Cauvin, Pierre. 2013. *Décryptez les types de personnalité avec le MBTI*. París: ESF éditeur.
- Charlier, Maïlys. 2015. *Comment organiser un workshop productif?* Bruselas: Lemaitre Publishing.
- Csikszentmihaly, Mihaly. 2006. *La créativité. Psychologie de la découverte et de l'invention*. París: Robert Laffont.
- Lecomte, Miguël. 2016. *Estructura tus ideas con el mind mapping*. Traducido por Laura Bernal Martín. Bruselas: Plurilingua Publishing.
- Osborn, Alex. 1959. *L'imagination constructive: principes et processus de la pensée créative et du brainstorming*. París: Dunod.
- CNRTL. Consultado el 28 de octubre de 2015. http://www.cnrtl.fr/
- Sternberg, Robert. 2007. *Manuel de psychologie cognitive. Du laboratoire à la vie quotidienne*. Bruselas: De Boeck.
- Zinque, Nicolas. 2015. *Aprende a innovar en equipo. Las claves para sacar partido de un* brainstorming. Traducido por Laura Soler Pinson. Bruselas: Plurilingua Publishing.

en50MINUTOS.es

¡APRENDER NUNCA ANTES FUE TAN RÁPIDO!

www.en50minutos.es

www.en50Minutos.es

ISBN ebook: 9782806277664

ISBN papel: 9782806286116

Depósito legal: D/2016/12603/547

Libro realizado por Primento, el socio digital de los editores